Branchenstrukturanalyse nach Porter

THEORETISCHE KONZEPTION, KRITIK UND PRAKTISCHE APPLIKATION AM BEISPIEL DER SCHIFFFAHRTSINDUSTRIE (BEREICH LOGISTIK)

VON JAN MAGNUS ARNDT

STUDIENARBEIT

FRIEDRICH-ALEXANDER-UNIVERSITÄT

ERLANGEN-NÜRNBERG

Inhalt

1. Einleitung

Today's competition leaves only two possibilities:

Take the lead or stay behind (Fujitsu Corporation 1994).[1]

Als komplexe ökonomische und soziale Systeme produzieren Unternehmen Güter und Dienstleistungen, stellen Arbeitsplätze bereit und tragen zur Einkommensentstehung bei. Im Zuge der Globalisierung müssen sie sich kontinuierlich neuen Herausforderungen stellen und im kumulativen internationalen Wettbewerb bestehen. Um ihre Ziele realisieren zu können ist es notwendig, dass Unternehmen ihre Forschungs-, Arbeits- und Marketingprozesse effizient gestalten, den Waren- und Informationsfluss optimieren. Strategisches Management soll Synergieeffekte entstehen lassen und nutzen. Dabei werden oftmals neue Management- und Organisationskonzepte entwickelt die helfen sollen, Wettbewerbsstrategien für ein Unternehmen auszuarbeiten.[2] Als Grundlage für adäquate Strategien ist ein Unternehmen in sein relevantes Umfeld, seine Branche zu setzen. Somit können strukturelle Merkmale einer Branche untersucht werden um die Position und Stärke des Unternehmens innerhalb dieser Branche zu identifizieren.[3] Ziel dieser Arbeit ist es, zunächst die theoretische Konzeption des Branchenstrukturmodells von Michael E. Porter unter dem

---

[1] Vgl. Ofek, Elie/Sarvary, Miklos (2003) S. 355
[2] Vgl. Robinson, Kenneth C./Phillips McDougall, Patricia (1998) S. 1079
[3] Vgl. Porter, Michael E. (1979) S. 137

Gesichtspunkt Wettbewerbsfähigkeit vorzustellen. Weiterführend wird Porters Modell kritisch analysiert. Als ein praktisches Beispiel für die theoretische Konzeption von Michael Porter wird schließlich die Schifffahrt insbesondere der Sektor Logistik anhand Porters Modell behandelt.

2.   Branchenstruktur nach Porter

Als Professor für Wirtschaftswissenschaft an der Harvard Business School und Leiter des Institute for Strategy and Competitiveness gilt Michael E. Porter als einer der bekanntesten Ökonomen im Kontext des strategischen Managements. Neben vielen logischen Modellen zur Wettbewerbsfähigkeit von Unternehmen, Branchen und ganzen Volkswirtschaften entwickelte Porter das Modell zur Konkurrenzanalyse anhand von fünf Kräften.[4] Neben Bain und Mason[5] geht Porter davon aus, dass der Erfolg eines Unternehmens von verschiedenen Einflussfaktoren in der jeweiligen Branchenstruktur abhängt. Ökonomische wie auch technologische Merkmale bestimmen die Wettbewerbsintensität eines Unternehmens. Porter nennt fünf grundlegende Kräfte, die seiner Meinung nach in Zusammenwirkung ausschlaggebend sind:

 Neue Kapazitäten in einer Branche durch Markteintritt von Konkurrenten, die Verhandlungsstärke von Lieferanten im Bezug auf Preise und Qualität, die Verhandlungsstärke von Kunden, Bedrohung durch Substitutionsprodukte und die bestehende Rivalität innerhalb einer Branche.[6]

---

[4] Vgl. http://www.ephorie.de/porter_biographie.htm
[5] Vgl. Robinson, Kenneth C./Phillips McDougall, Patricia (1998) S. 1080

Die Kräfte selbst haben unterschiedlichen Einfluss in verschiedenen Branchen, Transportgesellschaften von Öl müssen beispielsweise mit starker Verhandlungsmacht der Kunden rechnen, Reifenhersteller zusätzlich mit starker Konkurrenz. Darüber hinaus soll das Modell der Branchenstrukturanalyse sowohl für Erzeugnisse als auch für Dienstleistungen gelten und im weiteren Verlauf einheitlich als Produkte genannt werden.[7]

Zunächst soll erörtert werden, inwieweit Markteintritte von Konkurrenten die Wettbewerbsstrategie von Unternehmen beeinflussen können.

---

[6] Vgl. Porter, Michael E. (1980) S. 25 ff.
[7] Vgl. Ebd. S. 138

2.1. Markteintritt von Konkurrenten

Als erster Einflussfaktor auf die Wettbewerbsfähigkeit eines etablierten Unternehmens in einer Branche stellen Markteintritte von neuen Konkurrenten potentielle Bedrohungen dar. Durch neue Kapazitäten und den Wunsch nach Marktanteilen bringen jene Konkurrenten oftmals bedeutende Ressourcen mit sich. Dabei werden bestehende Preise für Produkte gedrückt und die Wettbewerber müssen unter Umständen ihren Aufwand erhöhen, was die Rentabilität senkt. Die Gewichtung der Bedrohung durch Markteintritte hängt zum einen von existierenden Markteintrittsbarrieren und von der erwarteten Reaktion anderer persistenter Wettbewerbsteilnehmer ab.[8]

---

[8] Vgl. Porter, Michael E. (1979) S. 138 ff.

2.1.1. Markteintrittsbarrieren

Existierende Eintrittsbarrieren können die Gefahr von neuen Konkurrenten erhöhen oder verringern, sie sind zu untergliedern in[9] [10]:

- „Economies of scale". Betriebsgrößenersparnisse liegen vor, wenn die Stückkosten eines beliebigen Produkts sinken, obwohl die absolute Menge/Anzahl pro Zeiteinheit steigt. Neueinsteiger werden abgeschreckt. Denn einerseits müssten sie mit hohem Produktionsvolumen einsteigen und gleichzeitig mit harten Vergeltungsmaßnahmen der probaten Wettbewerber rechnen. Andererseits würde ein Einstieg mit niedrigerem Produktionsvolumen Kostennachteile bedeuten. Beispielsweise eine der Hauptbarrieren im Bereich der Großrechnerindustrie oder aber auch in Vertriebsorganisationen.
- „Product differentiation". Da sich viele Verbraucher mit bekannten Marken identifizieren und dadurch eine gewisse Käuferloyalität aufweisen sind Neueinsteiger genötigt erhebliche Mittel aufzuwenden um diese Barriere zu überwinden. Hohe Kosten für Marketing/Werbung, Kundenservices und Produktion (beispielsweise für aufwendige Verpackungen) verursachen so gewöhnlich Einstiegsverluste. Gerade in der „Soft-drink-Branche" eine

---

[9] Vgl. Ebd.
[10] Vgl. Madhok, Anoob (1997) S.39

erhebliche Hürde für Neueinsteiger (Coca Cola, Pepsi, uvm.).

- „Capital requirements". In Branchen mit hohem Kapitalbedarf für Forschung und Entwicklung, teuren Patenten, Marketing und Werbung also Kostenfaktoren mit relativ hohem Risiko, werden Einstiegsbarrieren geschaffen.[11] Anzuführen ist hier die Pharmaindustrie, die sehr hohe Entwicklungskosten für neue Produkte aufweist.
- „Cost disadvantages independent of size". Unabhängig von der Größe oder den Skalenerträgen eines Unternehmens können etablierte Unternehmen Vorteile neuen Konkurrenten gegenüber aufweisen. Beispielsweise besitzen manche Unternehmen eine proprietäre Produkttechnologie also Zugang zu Know-how, besitzen Patente oder vorgefertigte Muster. Des Weiteren nennt Porter begünstigten Zugang zu Rohmaterial, quasi ein natürliches Monopol an Rohstoffen, Standortvorteile, Subventionen vom Staat und die Lernkurveneffekte (Lerneffekte bei der Produktion, dadurch Verbesserung der und Einsparungen bei der Produktion) als Vorteile von persistenten Unternehmen. Dies gilt auch für die Erfahrungskurven-Effekte, die auftreten, wenn eine Aufgabe häufig durchgeführt wird, sich die Kosten dafür verringern (Verwaltung, Marketing, Vertrieb).
- "Acces to distributational channels". Um ein Produkt zu verkaufen muss der Konkurrent Vertriebswege für sein Erzeugnis sichern. Dabei ist zu differenzieren, in welchem Maß der Vertriebskanal von anderen etablierten

---

[11] Vgl. Ofek, Elie/Sarvary, Miklos (2003) S. 355 ff.

Teilnehmern schon besetzt ist und welche Mittel der neue Konkurrent aufwenden muss. Dies könnte er durch Preissenkungen oder Werbeaktionen mit anderen Teilnehmern erreichen. Allerdings schmälert dies seinen Gewinn.

- „Government policy". Regierungen können einen signifikanten Einfluss auf Märkte ausüben. Durch Lizenzvorgaben, Beschränkungen auf Rohmaterial (Freigabe der nationalen Ölreserven durch die Bundesregierung 2005) und Umweltregulationen verändern sie das vorhandene Wettbewerbsgefüge in starkem Maße.

2.1.2. Erwartete Reaktionen von etablierten Marktteilnehmern

Ein weiterer Einflussfaktor auf die Entscheidung einem Markt beizutreten ist die erwartete Reaktion von bestehenden Wettbewerbern. Wenn sie beispielsweise einen früheren Neueinsteiger schon vom Markt vertrieben haben oder sie auf ein hohes Ressourcenvolumen zurückgreifen können, werden potentielle Einsteiger über einen Branchenbeitritt nachdenken. Dies gilt auch, wenn etablierte Teilnehmer andeuten ihre Preise stark zu senken oder weil das Wirtschaftswachstum innerhalb eines bestimmten Sektor zu niedrig ist.[12]

---

[12] Vgl. Porter, Michael E. (1979) S. 140

Zusammenfassend stellen neue Markteilnehmer in einer Branche eine große Bedrohung für etablierte Unternehmen dar. Jedoch bestehen Barrieren, die einen Eintritt in andere Segmente erschweren. Darüber hinaus besitzen viele Unternehmen die Möglichkeit auf potentielle Konkurrenten zu reagieren. Es muss allerdings angeführt werden, dass der Einfluss dieser Barrieren und der Reaktionen von Teilnehmern auf Märkten zum einen unterschiedlich ist, er sich zum anderen im Wandel befindet. Porter führt dafür Patente für Sofortphotographie von Polaroid an, die ihre Gültigkeit verloren. Dadurch wurde Platz für den Konkurrenten Kodak geschaffen. Reaktionen in der U.S. Weinbranche auf Neueinsteiger erschwerten den Zugang durch stark ausgelastete Vertriebswege. Somit bleibt festzuhalten, dass ein Neueinstieg in eine Branche strategisch gut überlegt sein, andererseits ein schon persistentes Unternehmen sich stets mit möglichen Konkurrenten auseinandersetzen muss.

2.2. Verhandlungsmacht von Marktteilnehmern

Die Verhandlungsmacht von den jeweiligen Marktteilnehmern stellt die zweite beeinflussende Kraft dar. Sie erklärt, dass Lieferanten und Abnehmer die eine große Verhandlungsmacht besitzen Preise oder Qualität bestimmter Produkte ändern können.[13]

2.2.1. Verhandlungsmacht von Lieferanten

Es ist möglich, dass stark im Markt etablierte Lieferanten drohen, die Preise von Produkten und Leistungen zu erhöhen oder die Qualität zu senken. Als Konsequenz würde die Rentabilität von Unternehmen dieser Branche abnehmen sofern sie die Auswirkungen nicht durch Preiserhöhung oder Kostensenkungsmaßnahmen kompensieren können. Beispielsweise schmälern Preiserhöhungen für Getränkekonzentrate den Profit von Abfüllungsunternehmen eklatant.

Ein Lieferant ist dann dazu fähig, wenn eine Sparte von wenigen Lieferanten dominiert wird und diese konzentrierter organisiert sind als die Abnehmer. So zum Beispiel die Pharmaindustrie in Verhandlung mit einzelnen Krankenhäusern.

Ähnlich stark ist die Position des Lieferanten, wenn er einzigartige oder zumindest differenzierte Produkte anbietet. Tritt der Fall ein, dass dieses Produkt Umstellungskosten verursacht (beispielsweise

---

[13] Vgl. Porter, Michael E. (1979) S. 140ff.

durch Spezialisierung im Herstellungs-, Lieferprozess) gibt der Lieferant diese Kosten an den Kunden weiter. Beispielsweise hat Microsoft durch Windows eine sehr starke Verhandlungsmacht gegenüber Herstellern von PC-Systemen.

Eine weitere Einschränkung der Abnehmer einer Branche auf Bedingungen von Lieferanten zu reagieren entsteht, wenn der Lieferant glaubwürdig mit Vorwärtsintegration in die Industriebranche drohen kann.

Ist die Branche kein wichtiger Abnehmer für das Geschäft der Lieferantengruppe besitzt diese ebenfalls eine starke Verhandlungsposition. Sollte die Branche allerdings ein wichtiger Abnehmer sein, so wird die Gruppierung Maßnahmen ergreifen um zum einen seine Position in der Branche zu halten und zum anderen um die Branche zu stärken und somit den Verkauf der eigenen Produkte zu sichern.[14]

---

[14] Vgl. Porter, Michael E. (1979) S. 140

2.2.2. Verhandlungsmacht von Abnehmern

Analog zur Bedeutung der Verhandlungsstärke von Lieferanten ist die der Kunden. Abnehmer können den Wettbewerb entscheidend beeinflussen, indem sie die Preise für Produkte drücken oder höhere Qualität und Leistung verlangen. So spielen sie Wettbewerber gegeneinander aus und als Konsequenz verringern sie die Rentabilität in der Branche. Anhand bestimmter Merkmale lassen sich Verhandlungsstärke und Einfluss von Abnehmern bestimmen.[15]

Ein mächtiger Verhandlungspartner als Kunde besteht, wenn er der einzige Abnehmer ist oder wenn die Abnehmergruppe stärker konzentriert ist.

Das gilt auch, wenn das zu erwerbende Produkt standardisiert oder undifferenziert ist und der Kunde große Mengen erwirbt und die Qualität des Produkts unerheblich ist.

Stellen Produkte einen wesentlichen Anteil der Einkaufskosten dar oder die Kundengruppe muss nur geringe Wechselkosten in Kauf nehmen, halten Kundengruppen eine starke Verhandlungsposition inne.

Darüber hinaus kann die Kundenbranche großen Einfluss ausüben wenn sie glaubwürdig mit einer Rückwärtsintegration in die Zulieferbranche droht.

---

[15] Vgl. ebd. S. 141

Subsumierend sind Verhandlungspartner in einer Marktbranche eine wichtige Kraft, die den Wettbewerb beeinflusst. Unter strategischen Gesichtspunkten muss ein Unternehmen abwägen, von wem es Produkte bezieht und wem sie Produkte verkauft. Es ist jedoch zu erwähnen, dass nicht immer eine Wahlmöglichkeit besteht. Dann müssen Vorraussetzungen geschaffen werden, die die eigene Stellung bei einer Verhandlung verbessern. Geringere Kosten bei der Produktion, höhere Qualität (so wirbt Valeo Automotive beispielsweise mit „zero deffects")[16], bessere Vertriebskanäle und Werbung.

2.3. Bedrohung durch Ersatzprodukte

Neben der Gefahr neuer Konkurrenz und der Notwendigkeit stets eine gute Verhandlungsposition innezuhaben konkurrieren Unternehmen einer Branche auch mit anderen Branchen die Substiutionsprodukte herstellen. Diese Produkte werden von den Kunden statt der Eigentlichen erworben und erfüllen die gleiche Funktion. Dadurch legen Substiutionsprodukte eine Obergrenze für Preise fest die für die Originalprodukte verlangt werden können ohne den Absatz zu gefährden. Je attraktiver diese Alternative durch Ersatzprodukte ist (Preis, Leistung, Qualität), desto weniger Gewinne können erwirtschaftet werden.[17] Zum Beispiel Zucker, ersetzbar durch Kornsirupkonzentrat. 1978 stoppten Substitute wie Steinwolle, Styropor und Zellstoff den Boom in der Fiberglasindustrie, der durch hohe Energiekosten und

---

[16] Vgl. http://www.valeo.de/ueb3.asp
[17] Vgl. Porter, Michael E. (1979) S. 142

kalte Wintermonate entstand.[18] Wettbewerbsstrategisch wichtig zu beobachten sind Substitute, zu deutlich niedrigern Preisen bei gleicher oder annähernder Qualität angeboten und gleichzeitig von Branchen hergestellt, die hohe Profite einbringen. Neben diesen Ersatzprodukten muss sich ein Unternehmen jedoch auch mit direkten Konkurrenten befassen, was im Folgenden besprochen wird.

2.4. Brancheninterner Wettbewerb

Unternehmen einer Branche stehen stetig mit direkten Konkurrenten im Wettbewerb.[19] Diese Rivalität zeigt sich in Positionskämpfen gekennzeichnet durch Werbeschlachten, Preisstrategien, das Einführen neuer Produkte und innovativen Serviceleistungen gekennzeichnet. Eine gewichtige Rolle dabei spielen die Verringerung von Transaktionskosten und die Bildung von strategischen Allianzen.[20] Dies soll im späteren Verlauf anhand der Schifffahrtsindustrie näher analysiert werden. In Märkten und Branchen wirken sich Strategien/Maßnahmen eines Unternehmens direkt auf das Gefüge, die Situation seiner Konkurrenten aus und kann mit Vergeltungsmaßnahmen bestraft werden. Es besteht die Möglichkeit der Eskalation von Strategien und Gegenstrategien die dazu führen, dass alle Marktteilnehmer darunter leiden. Nach Michael Porter ist die Rivalität ein Ergebnis aus einer Reihe von verschiedenen Faktoren die zusammenwirken:

---

[18] Vgl. ebd. S. 142
[19] Vgl. Porter, Michael E. (1979) S. 142
[20] Vgl. Madhok, Anoop (1997) S. 44

Tritt der Fall ein, dass viele Wettbewerber in einer Branche miteinander konkurrieren, führen im Stillen ergriffene Maßnahmen einzelner Teilnehmer zu einem instabilen Gefüge. Es ist mit stärkeren Gegenmaßnahmen zu rechnen, als unter normalen Umständen. Durch die große Anzahl an Wettbewerbern entstehen stärkere Auswirkungen.

In einem Szenario mit langsamem Branchenwachstum ist die Konkurrenz um Marktanteile höher als mit schnellem Wachstum. Es besteht nicht die Möglichkeit, allein anhand von durchschnittlichen Profiten am Mark zu bestehen. Dies trifft vor allem auf expansionswillige Unternehmen zu.

Bei hohen Fixkosten sind Unternehmen gezwungen ihre Kapazitäten möglichst stark auszulasten. Sollte der Markt mit Produkten überflutet werden, sinken die Preise mit hoher Geschwindigkeit. Besonders schwer ist es für Unternehmen mit hohen Lagerkosten, beispielsweise in der Papier- oder Aluminiumindustrie, den Absatz trotz steigender Preise konstant zu halten. Ebenso bei Produkten mit kurzer Haltbarkeitsdauer.

Austrittsbarrieren entstehen, wenn ein Unternehmen auf gewisse Produkte spezialisiert ist, Managementstrategien auch bei hohem Verlust einen Austritt verbieten. Die Wirkung erstreckt sich dann auch auf andere Teilnehmer aus, es sind Verluste bei vorherrschenden Unternehmen einer Branche möglich.

Schwierig ist eine Abgrenzung von anderen Wettbewerbern insbesondere dann, wenn alle Teilnehmer durch unterschiedliche Strategien, Kulturen und „Persönlichkeiten"[21] gekennzeichnet

---

[21] Vgl. Porter, Michael E. (1979) S. 143

sind. Durch gegensätzliche Ideen laufen diese Unternehmen dann Gefahr, sich als Folgewirkung zu behindern.

Um zu resümieren, Unternehmen in einer Branche sehen sich meist vielen und starken Konkurrenten in einem gemeinsamen Gefüge ausgesetzt. Wenn eine Branche wenige Profite erwirtschaftet schrumpfen Unternehmen. Viele Beispiele von Branchen die zunächst durch Booms starkes Wachstum vorweisen konnten litten später unter der langsam wachsenden Wirtschaft.

Nach Porter gilt dies für die Wohnmobilbranche, Schneemobilindustrie und die Sportausrüstungsbranche.[22] Es ist somit essentiell für Unternehmen sich anhand Porters Fünf-Kräfte-Modell einen grundlegenden Überblick über die eigene Position des Unternehmens zu verschaffen. Erst wenn analysiert wurde, welche Gefahr mögliche Neueinsteiger haben können, wie die Verhandlungsposition im Bezug auf Zulieferer oder Abnehmer ist, welches Bedrohungspotential Substitute haben können und wie die direkten Konkurrenten verfahren, kann ein Unternehmen strategisch fundierte Maßnahmen treffen.

---

[22] Vgl. ebd. S. 143

2.5. Ausarbeiten einer Wettbewerbsstrategie

Nach Analyse der im bisherigen Verlauf besprochenen Fünf-Kräfte (siehe Abb. 1) [23]und deren Auswirkung auf die Position eines Unternehmens in einer Branche können Aussagen über Stärken und Schwächen des Unternehmens getroffen werden.

Dann ist es möglich strategische Konzepte zu entwickeln die die Position des Unternehmens festigen um gegen Bedrohungen gerüstet zu sein und Einfluss auf die wirkenden Kräfte nehmen. Schließlich hilft eine auf die veränderte Balance ausgerichtete Strategie einen bleibenden Vorteil anderen Wettbewerbern gegenüber zu erreichen. Maßnahmen für ein Unternehmen sich gegen einen drohenden Verfall zu wehren sind zum einen Übernahmen[24] (Black&Decker übernimmt McCullough, Hersteller von Kettensägen), zum anderen die Preisstrategie zu ändern (erhöhen, senken), des Weiteren stärkt eine stärkere Produktdifferenzierung die eigene Verhandlungsbasis. Darüber hinaus verschafft es Vorteile kreative Ideen zu entwickeln um die Vertriebskanäle zu optimieren, durch vertikale Integration ein breiteres Spektrum abzudecken.[25] Effiziente Marktstrategien verbessern das Image des Unternehmens.

Subsumierend ändern sowohl externe als auch Unternehmensinterne Strategien die Wirkung von Porters fünf Kräften und bieten neue Möglichkeiten aber auch Gefahren für diese Branche.[26] Schwieriger ist es Trends abzuschätzen, welchen

---

[23] Vgl. Grundy, Tony (2006) S. 215
[24] Vgl. Robinson, Gary J./ Lunsdstrom, William J. (2006) S. 260 ff.
[25] Vgl. www.quickmba.com/strategy/porter.shtml
[26] Vgl. Porter, Michael (1976) S. 144

Markt kann man beitreten, welches Produkt wird sich durchsetzen. Auffällig ist dabei die Tatsache, dass Märkte die den höchsten Profit bieten am stärksten umkämpft sind.

Festzuhalten ist, dass Unternehmen in Wettbewerb stehen und sorgfältig planen müssen welche Maßnahmen sie treffen. Unterstützt wird das strategische Management dabei durch Porters Modell. Im weiteren Verlauf soll dieses kritisch analysiert werden.

3. Kritische Analyse von Porters Modell

Michael Porters Modell zur Analyse der Wettbewerbsfähigkeit eines Unternehmens war in den 80er Jahren ein zentrales Konzept vieler strategischer Managementsysteme. Im Laufe der Jahre jedoch wichen Manager und Ausbilder auf zeitnähere Konzepte wie die PEST- oder die SWOT-Analyse aus.[27] Obwohl in vielen wissenschaftlichen Arbeiten auf das Fünf-Kräfte-Modell Bezug genommen wird, gibt es wenig Literatur die Erweiterungen oder Verbesserungen vorschlägt. Abgesehen von Porter selbst, der Optimierungen und Anpassungen in seinen Werken und neuen Auflagen vorgenommen hat.[28] Im Folgenden sollen zunächst Stärken und Schwächen des ursprünglichen Modells vorgestellt und mögliche Verbesserungen diskutiert werden.

3.1. Stärken[29]

---

[27] Vgl. Grundy, Tony (2006) S. 213 ff.
[28] Vgl. Porter, Michael E. S. 63 ff.
[29] Vgl. Grundy, Tony (2006) S. 215 ff.

- Eine grundlegende Besonderheit des Konzepts besteht darin, die hoch komplizierte mikroökonomische Theorie auf fünf relevante Faktoren zu reduzieren um schnell den Status eines Unternehmens in einer Branche zu identifizieren.
- Schon frühzeitig ermöglichte das Modell jene systematische Betrachtung die zur strategischen Analyse notwendig ist.
- Der Wettbewerb innerhalb einer Branche stellt sich nach Porter als eine Funktion der Einflussfaktoren dar.
- Gerade unter langfristigen Gesichtspunkten ermöglicht die Theorie Vorhersage komplexen Interaktionen von Wettbewerbern.
- Porter kombinierte Input-Output-Analysen einer bestimmten Branche mit Eintrittsbarrieren und Substitutprodukten.
- Anhand der Analyse von Branchen ermöglicht das Modell die Suche nach noch nicht vollkommen erschlossenen Märkten und bietet damit strategische Möglichkeiten.
- Hervorgehoben wird die Relevanz von Verhandlungsstärken und deren Einfluss auf wirtschaftliche Gefüge.
- Porter bietet neben der traditionellen SWOT-Analyse die Möglichkeit externe Einflüsse zu identifizieren.[30]

3.2. Schwächen[31]

---

[30] Vgl. Grundy, Tony (2006) S. 213 ff.
[31] Vgl. Grundy, Tony (2006) S. 215 ff.

- Die Konzeption von Michael Porter fokusiert sehr stark auf eine Makroökonomische Analyse und versagt bei Vorhersagen über sehr spezifische Segmente in der Mikroökonomie.
- Die Dynamik im Wettbewerb ist sehr schwer zu identifizieren. Durch seine diktierende und statische Charakteristik zeigt es nur Momentaufnahmen. Es wären zu viele Modelle notwendig für schnelle Märkte
- Die Vereinfachung komplexer Systeme verhindert eine Analyse von Interaktionen zwischen Branchen (PC-Systeme benötigen PC-Software).
- Die Annahme von ständiger Konkurrenz übersieht Kooperationen und Allianzen in der Realität. Dadurch werden auch gemeinnützige Organisationen (im Gesundheitssektor, das Militär) ausgeschlossen.
- Die Interdependenzen der fünf Kräfte werden vorausgesetzt und kaum analysiert. Verhandlungsstarke Abnehmer können durch senken ihrer Ansprüche die Eintrittsbarrieren senken, neue Konkurrenten umgehen Eintrittsbarrieren über Allianzen oder durch neue Zulieferer.
- Die aktuelle Relevanz von Transaktionskosten wird nicht diskutiert.

3.3. Mögliche Verbesserungen

Die mikroökonomische Betrachtung eines Unternehmens wird durch eine Unterteilung der fünf Kräfte möglich. So kann beispielsweise die Verhandlungsmacht von Abnehmern, als zentraler Punkt, von vier miteinander wirkenden Einflüssen abhängig sein. Diskretion und emotionale Aspekte sind unterschätze Faktoren bei der Auswahl eines potentiellen Kunden oder Lieferanten. Daneben wirken Dringlichkeit und Wichtigkeit ebenfalls als strategisches Kriterium. Dasselbe ist anwendbar für Eintrittsbarrieren, den Wettbewerb innerhalb einer Branche und für Substitute.[32]

Dynamische Vorhersagen lassen sich treffen, wenn auf makroökonomischer Ebene zukünftige Trends von Einflussfaktoren im Bezug auf die Veränderungen innerhalb einer Branche miteinander verglichen werden. Mikroökonomisch geschieht dies durch Vergleich von Einflussfaktoren auf den Transaktionsfluß bezogen, verdeutlicht in den folgenden Abbildungen (Abbildung 2 und 3 im Appendix) :[33] [34] [35]

Tiefere und breitere Blickwinkel über die Wettbewerbslandschaft werden durch horizontale und vertikale Aufgliederung erreicht. Die Attraktivität eines Marktes wird unterschieden in Sektoren (horizontal) und inwieweit er differenziert ist (vertikal). Dadurch kann die Attraktivität je nach Gesichtspunkt aufgegliedert und identifiziert werden (Beispiel: Matrizen).[36]

---

[32] Vgl. Ebd. S. 221 ff.
[33] Vgl. Grundy, Tony (2006) S. 223 ff.
[34] Vgl. Ebd. S. 223
[35] Vgl. Ebd. S. 224

Michael Porter selbst erkannte, dass es im Zuge der ökonomischen Veränderungen wichtig ist auch gemeinnützige Unternehmen oder soziale Kriterien zu betrachten. Er übertrug diese Gesichtspunkte nicht direkt auf sein ursprüngliches Modell, verfasste aber einige Werke in denen darüber diskutiert wird. [37] Auch auf den Bereich des E-Commerce und das Internet übertrug er seine Ansätze.[38]

Zusammenfassend bietet das Branchenstrukturmodell von Michael Porter einen umfassenden Überblick über die Wettbewerbsfähigkeit eines Unternehmens. Wie angesprochen ist das Modell sogar noch erweiterbar auf die mikroökonomische Ebene, dynamische und schnelle Märkte und es kann helfen Märkte zu segmentieren. Die Wechselwirkungen der fünf Kräfte sind durch Aufgliederung identifizierbar.[39] Dennoch fehlen dem Konzept Anwendungen für Kooperationen, große Verhandlungen und es betrachtet die Transaktionskosten nicht. Nach der Vorstellung der Theorie und einer kritischen Analyse, sollen nun Einblicke und Beispiele von Anwendungen von Porters Konzeption im Bereich der Schifffahrtslogistik folgen.

---

[36] Vgl. Ebd. S. 224 ff.
[37] Vgl. Porter, Michael E.
[38] Vgl. Porter, Michael E. S. 63 ff.
[39] Vgl. Grundy, Tony (2004) S. 112 ff.

4. Wettbewerb in der Schifffahrtslogistik

Im Zuge dieser Arbeit wurde besprochen, wie Unternehmen ihre Position im Wettbewerb innerhalb ihrer Branche bestimmen können, welche Gefahren sie dabei zu beachten haben und dass innovative Strategien erforderlich sind um gegen Konkurrenten zu bestehen. Die Schifffahrtsindustrie boomt seit drei Jahren, zurückzuführen auf den kräftigen Anstieg des Weltwirtschaftswachstums, insbesondere in Asien.[40] Zunächst sollen Trends und Entwicklungen erörtert und anschließend praktische Anwendungen zur Verbesserung der Wettbewerbsfähigkeit in der Schifffahrtsbranche diskutiert werden.

4.1. Trends und Entwicklungen in der Schifffahrtsindustrie

Durch Globalisierung und weltweites Wirtschaftswachstum steigen die Aufträge für Schiffswerften und Reedereien. Vollkommen ausgelastet und mit Auslieferungspreisen auf Rekordniveau stellen die Werften immer größere Schiffe her um die Kapazitäten in der Schifffahrtslogistik auszulasten.[41] Die Containerlogistik in Duisburg beispielsweise konnte am 20.02.2007 einen Anstieg von 11% Durchsatz angeben, das Logistiknetzwerk Kuehne&Nagel eine Steigerung im Frachtvolumen von 19,37% vorweisen (13.030.2007) und Canadian National Railway baut für 17 Millionen Dollar eine

---

[40] Vgl. www.manager-magazin.de (2006)
[41] Vgl. www.spiegel.de (2007)

Ladestation um Containertransporte am Hafen von Prince Rupert zu unterstützen[42]

[43]Abbildung 4. verdeutlicht den immensen Größenanstieg von Containerschiffen im Zeitraum von 1968 bis 2006 und zeigt, dass diese Schiffe von damalig 500 TEUs[44] später über 4000 TEUs transportieren können.[45] Im August 2006 präsentierte die dänische Reederei Maersk das bislang größte Transportschiff der Welt, die Emma Maersk. Dieses Schiff ist in der Lage bis zu ca. 15000 Container aufzunehmen und zu transportieren.

Dabei entstehen Probleme, solche Schiffsriesen können weltweit ca. 12 Häfen anlaufen, die Elbe befahren sie beispielsweise nur halb beladen. Doch ist nicht nur die Tiefe der Seewege von Bedeutung, sondern auch die Systematik die das Ab- und Beladen eines Frachtschiffs steuert. Aufgrund des extrem hohen Handels über Schiffswege steigt auch die Rivalität unter den Teilnehmern. So nimmt Südkorea beispielsweise schon über 38% des weltweiten Schiffsbaus ein, die Anlaufstellen an chinesischen Häfen sind über alle Maßen ausgelastet aufgrund der Nachfrage nach Gütern.[46] [47]

Es ist also essentiell für die Marktteilnehmer der Schifffahrtsindustrie ihre strategische Position stets zu überprüfen und Maßnahmen zu ergreifen um sie zu verbessern. Nach Porters

---

[42] Vgl. www.ci-online.co.uk (2007)
[43] Vgl. Tu, Yu-Ping/ Chang, Ya-Fu (2006) S. 139 ff.
[44] „twenty feet equivalent units"
[45] Vgl. Tu, Yu-Ping/ Chang, Ya-Fu (2006) S. 140
[46] Vgl. www.manager-magazin.de (2006)
[47] Vgl. www.spiegel.de (2007)

Branchenstrukturmodell werden im Folgenden einige Strategien und Maßnahmen vorgestellt.

4.2. Verbesserung der Wettbewerbsfähigkeit: Praktische Beispiele

Gemäß Porter bestimmen fünf Kräfte den Erfolg in einer Wirtschaftsbranche. Um wettbewerbsfähig zu bleiben müssen Maßnahmen ergriffen werden.

- Strategische Allianzen sind ein überaus wichtiges Instrument um einerseits Marktbarrieren umgehen zu können, andererseits die Stellung zu festigen. So kooperiert Con-Way Freight(USA) seit 2006 mit APL Logistics (Singapore) um Transporte von Hong Kong, Shenzen und Shanghai über Los Angeles nach ganz Amerika zu bringen. Es wird eine „port-to-door" Lieferung garantiert, was eine Serviceleistung für Kunden darstellt.[48] Weitere Beispiele für Allianzen in der Schifffahrt sind:[49]
- Die Grand Alliance (Hapag-Lloyd, NYK, Orient Oversieas Container Line, MISC)
- New World Alliance (APL/NOL, Hyundai Merchant Marine, Mitsui O.S.K. Lines)
- CKYHS Gruppe (COSCO Pacific, K.Line, Yangming, Hanjin Shipping, Senator Lines)
- Seit Januar 2006 kooperiert die Grand Alliance mit der New World Alliance[50] um Transaktionskosten zu

---

[48] Vgl. Carey, Bill (2006) S. 28
[49] Vgl. Bonney, Joseph (2006) S. 6

verringern. Diese entstehen bei der Markterschließung, Markterhaltung und sind realwirtschaftlicher, monetärer und staatlicher Art und können durch Kooperation verringert werden.[51]

- Für europäische Reedereien und Schiffswerfen wird es zukünftig notwendig durch Produktdifferentierung dem Aufschwung in Asien entgegenzuwirken. So könnte man zukünftig auf Kreuzfahrten und deren Herstellung oder aber auf Spezialtonnagen bauen, da diese in Asien derzeit vernachlässigt werden.[52]

- Ebenfalls differenziert sind angesprochene Frachtriesen, mit denen eine Reederei eine große Anzahl an Gütern transportieren kann.

- Besondere Innovationen und Technologien optimieren den Transport von A nach B.
  - o So werden durch spezielle „Routing and Scheduling" Systeme Verwaltungskosten, Wartezeiten, unausgelastete Kapazitäten und Fehler minimiert.[53] Wenn Container über Bord gehen, verursacht das nicht nur Kosten (Versicherung, Kundenverlust) sondern es belastet auch die Umwelt.
  - o Das „sequential shipper-carrier predictive freight network model"[54] unterstützt bei der Entscheidung welche Route und welche Art des Transports zu

---

[50] Vgl. http://www.mol.co.jp/pr-e/2005/e-pr-2535.html
[51] Vgl. Busse, Matthias (2001) S. 6 ff.
[52] Vgl. www.manager-magazin.de (2006)
[53] Vgl. Christiansen, Marielle/ Fagerholt, Kjetil/ Ronen, David (2004) S. 1 ff.
[54] Vgl. Friesz, Terry L./ Gottdried, Joel A./ Morlok, Edward K. (1986)

wählen ist und setzt diese Wahlmöglichkeiten in Relation zu möglichen Stauungen und dynamischen Anforderungen.

- Da der Trend zu Mega-Containerschiffen geht, müssen Häfen weltweit völlig neu gestaltet werden um wettbewerbsfähig zu bleiben. Dabei geht es nicht nur um die Zufahrtswege (Wassertiefe, Anzahl der Eisenbahnschienen, Autobahnen) sondern auch um die gesamte Logistik in und um einen Hafen. Große Schiffe liegen länger an und können dadurch zu einer Engstelle im Transportfluß werden. Das gesamte System von Kränen, Lagerstellen und Abfertigungsanlagen muss optimiert werden um einen höheren Durchsatz zu erreichen. Durch Simulationen können mögliche Strukturen gefunden werden. Beispielsweise wäre ein großes Schiff schneller entladen, wenn auf beiden Seiten Kräne arbeiten. In Zukunft sind auch Entladestationen vor einer Küste denkbar um große Schiffe abzufertigen.[55]
- Großen Einfluss können Regierungen zum Beispiel durch Steuern und Restriktionen (Umwelt) nehmen. Erst kürzlich Thematisiert ist die Tonnagesteuer, pauschal nach der Schiffsgröße berechnet, die unabhängig vom tatsächlichen Gewinn oder Verlust einer Gesellschaft ist.[56] Da in Deutschland minimal besteuert wird wachsen hier die Handelsflotten, der Standort bleibt attraktiv. Steuern für den Transport und die Abfertigung üben signifikanten Einfluss auf Bestellungen aus und bestimmen somit die

---

[55] Vgl. Tu, Yu-Ping/ Chang, Ya-Fu (2006) S. 141 ff.
[56] Vgl. www.manager-magazin.de (2005)

Wettbewerbssituation eines Unternehmens (besonders interessant für Amazon und Buy.com die weltweit versenden müssen).[57]

5. Resümee

Zahlreiche Modelle ermöglichen es strategische Analysen durchzuführen wie PEST, SWOT und Porters Five Forces. Sie sind nicht immer und für jede Situation anwendbar, besitzen keine hundertprozentige Genauigkeit und gelten   nicht für jeden Marktteilnehmer. Jeder einzelne Stratege, jedes Unternehmen wie auch Konzerne oder Allianzen müssen individuell für eine Situation Methoden finden die es ihnen erlauben Entscheidungen zu treffen, gerade in einer so dynamischen Wirtschaftsphase wie der heutigen.

Dennoch schadet es nicht bestehende Konzepte zu benutzen. Michael Porters Modell besitzt immer noch Gültigkeit und hilft Unternehmen auf gewissen Ebenen Entscheidungen zu fällen. Ob es durch Vorschläge (Grundy) erweitert wird oder in Neue Konzepte eingegliedert wird ist dabei unwichtig. Strategien ändern sich im Laufe der Zeit und mit ihnen Möglichkeiten zur Analyse. Dass Analysen notwendig sind, wird sich dagegen aller Wahrscheinlichkeit niemals ändern.

---

[57] Vgl. Lewis, Michael/ Singh, Vishal/ Fay, Scott (2006) S. 56 ff.

6. Appendix

6.1. Abbildungen

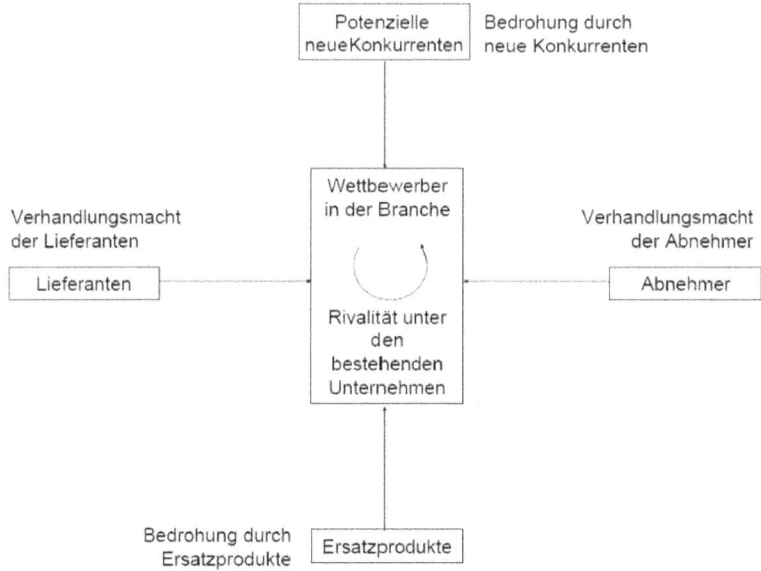

Abb. 1. Porters Modell der Fünf Kräfte zur Bestimmung der Wettbewerbsfähigkeit

Autor: Chris Muszalik; nach Michael E. Porter: Wettbewerbsstrategie: Methoden zur Analyse von Branchen und Konkurrenten. 2008. S. 36; Lizenz: Gemeinfrei, Public Domain; https://de.wikipedia.org/wiki/Datei:Wettbewerbskr%C3%A4fte.gif

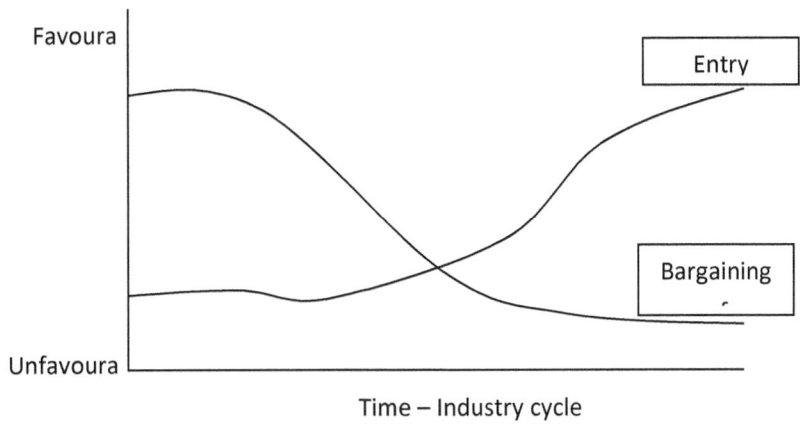

Abb. 2 Makroökon. Betr. v. Einflussfaktoren   (Eigene Darstellung)

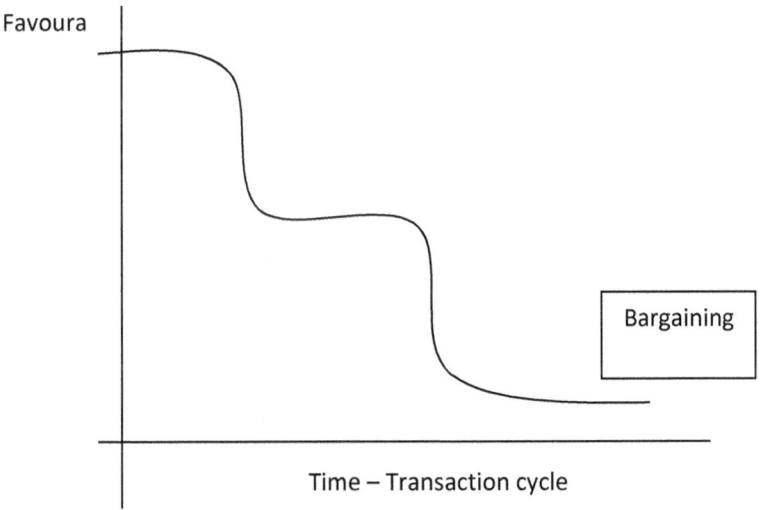

Abb. 3 Mikroökon. Betr. v. Einflussfaktoren (Eigene Darstellung)

Containerschiffsgenerationen

Generation	Jahr	Länge	Breite	Tiefgang	TEU
1.	bis 1968	180 m	25 m	9,0 m	500–800
2.	ab 1969	225 m	30,5 m	11,5 m	1500
3.	ab 1972	287 m	32 m	12,5 m	3000
4.	ab 1987	275 m	39 m	13,5 m	4500
5.	ab 1997	325 m	41 m	14,1 m	5500
6.	ab 1999	345 m	43 m	14,5 m	über 8000
7.	ab 2006	398 m	56 m	16,0 m	über 14.000

Abb. 4. Entwicklung der Größe von Containerschiffen
Quelle: Wikipedia:

6.2. Literaturverzeichnis

1. Bücher

Kreikebaum, H. (1997): Strategische Unternehmensplanung, 6. Auflage, Stuttgart/Berlin/Köln

Porter, EM. (1980): Competitive Stategy. 9. Auflage, The Free Press/Macmillian: New York

Zeitschriften

Bonney, Joseph (2006) Lineup changes, in Journal of commerce, February 06, S. 6

Busse, Matthias (2001) Transaktionskosten und Wettbewerbspolitik, in HWWA discussion paper 116, S. 1-22

Christiansen, Marielle/ Fagerholt, Kjetil/ Ronen, David (2004) Ship routing and scheduling: status and perspectives, in Transportation Science, Vol 38, No. 1, S. 1-18

Friesz, Terry L./ Gottdried, Joel A./ Morlok, Edward K. (1986) A sequential shipper-carrier network model for predicting freight flows, in Transportation Science, Vol. 20, No. 2, S. 80-92

Goerzen, Anthony (2007) Alliance networks and firm performance: the impact of repeated partnerships, in Strategic Management Journal, Vol. 28, S. 487-509

Grundy, Tony (2006) Rethinkin and reinventing Michael Porter's five forces model, in Strategic Change, Vol. 15, S. 213-229

Grundy, Tony (2004) Rejuvenating strategic management: the strategic option grid, in Strategic Change, Vol. 13, S. 111-123

Lewis, Michael/ Singh, Vishal/ Fay, Scott (2006) An empirical study of the impact of nonlinear shipping and handling fees on purchase incidence and expenditure decisions, in Marketing Science, Vol 25, No 1, S. 51-64

Madhok, Anoop (1997) Cost, value and foreign market entry mode: the transaction and the firm, in Strategic Management Journal, Vol. 18, S. 39-61

Ofek, Elie/Sarvary, Miklos (2003) R&D, Marketing, and the Success of Next-Generation Products, in Marketing Science, Vol. 22, No. 333, Summer 2003, S. 355-370.

Porter, Michael E. (1979) How competitive forces shape strategy, in Harvard Business Review, Vol. 57, No. 2, S. 137-145

Porter, Michael E. (2006) Strategy & Society: The Link Between Competitive Advantage and Corporate Social Responsibility, in Harvard Business Review, Vol. 84, No. 12, S. 78-92

Porter, Michael E. (1979) Strategy and the internet, in Harvard Business Review, März 2001, S. 63 ff.

Robinson, Kenneth C./Phillips McDougall, Patricia (1998) The Impact of Alternative Operationalizations of Industry Structural Elements on Measures of Performance for Entrepreneurial Manufacturing Ventures, in Strategic Management Journal, 19, S. 1079-1100

Robinson, Gary J./ Lunsdstrom, William J. (2006) Market expansion strategy: development of a conceptual market expansion decision scorecard, Vol. 12, S. 259-272

Carey, Bill (2006) China connection, in Journal of commerce, August 21, S. 28

Tu, Yu-Ping/ Chang, Ya-Fu (2006) Analyses of operations of ditch container wharf and container yard, in Journal of American academy of business, Cambridge, Vol. 9, No. 2, S. 139-146

Internetlinks

http://www.ephorie.de/porter_biographie.htm (02.04.2007)

http://www.valeo.de/ueb3.asp (02.04.2007)

http://www.quickmba.com/strategy/porter.shtml (02.04.2007)

http://www.manager-magazin.de/unternehmen/artikel/0,2828,438086,00.html (20.03.2007)

http://www.manager-magazin.de/unternehmen/artikel/0,2828,386370,00.html (02.04.2007)

http://www.spiegel.de/wirtschaft/0,1518,466836,00.html (02.04.2007)

http://www.ci-online.co.uk/default.asp?URL=news/showNews.asp?News_ID=21178 (02.04.2007) Registrierung notwendig!

http://www.mol.co.jp/pr-e/2005/e-pr-2535.html